Mein Baby pixi Buggybuch

UNTERWEGS

CARLSEN

Nastja Holtfreter

Mit dem Bus geht's heute los:
Die Stadt ist aber ganz schön groß!

TAXI
das Taxi
das Cabriolet
die Laterne
der Kinderwagen

Der Bus hält an, wir steigen aus – weiter geht es geradeaus.

der Imbissstand
das Fenster
die Haltestelle

Schau, dort wird ein Haus gebaut!
Die Baustelle ist ganz schön laut.

der Kran
der Bagger
der Presslufthammer
die Schubkarre
der Bauarbeiter

BLUMEN
die Blumen
die Tasche
das Geschäft
das Fahrrad
der Fahrer

Es ist noch Rot, wir bleiben steh'n,
denn erst bei Grün dürfen wir geh'n.

Wir machen Pause im Café.
Da kommt mein Eis – und Papas Tee.

die Eisbecher
der Kellner
das Tablett
die Taube
der Musikant

die Sonne
die Parkbank
der Baum
die Schnecke
der Marienkäfer

Danach geht es noch in den Park,
weil ich dort Enten füttern mag.

Zum Schluss zum
Spielplatz, ist doch klar ...

Was für ein toller Tag das war!

Buch wasserfest
Band wasserfest

Mein Baby pixi Buggybuch

Unterwegs gibt es eine Menge zu entdecken:
Wir fahren mit dem Bus, sehen dem Bagger
zu, essen ein Eis und spielen im Park.
Kommst du mit?

Als Baby-Pixi-Buggybuch gibt es außerdem:

Original Carlsen-Buggyband
mit Sicherheits-Trennfunktion

Unkaputtbar®

Neues Material für Kinderbücher · Von unabhängigen, akkreditierten Prüflabors getestet und freigegeben

wasserfest · reißfest · schadstoffgeprüft

CARLSEN

+12 Monate

CE

Klimaneutrales Produkt

Illustrationen und Text: Nastja Holtfreter

www.carlsen.de

Baby Pixi Band 107

ISBN 978-3-551-06222-2

9 783551 062222

€ 4,99 [D]
3. Aufl. 24